Achim Bröger

Jetzt ist Sina nicht mehr sauer

Geschichten von Wut, Streit und Versöhnung

Pädagogisch begleitet von Sabine Seyffert
Mit Bildern von Julia Ginsbach

Achim Bröger,
geboren 1944, schreibt als
freiberuflicher Schriftsteller
Kinder- und Jugendbücher.
Viele davon sind mit
bedeutenden Preisen
(u.a. Deutscher Jugendliteraturpreis,
Sparte Kinderbuch) ausgezeichnet
und in mehrere Sprachen
übersetzt worden.

Sabine Seyffert
ist staatlich
anerkannte Erzieherin,
Entspannungspädagogin,
psychologische Beraterin
sowie Autorin zahlreicher
Publikationen.
Außerdem führt sie Fortbildungs-
seminare für Pädagoginnen und
Pädagogen durch.
Sie lebt mit ihrer Familie in
Wuppertal.

In neuer Rechtschreibung

1. Auflage 2003
© Edition Bücherbär im Arena
Verlag GmbH, Würzburg 2003
Alle Rechte vorbehalten
Einband und Innenillustrationen:
Julia Ginsbach
Gesamtherstellung: Westermann
Druck Zwickau GmbH
ISBN 3-401-08441-0

Julia Ginsbach
lebt mit ihrem Mann,
ihren fünf Kindern, zwei
Ponys, zwei Ziegen und
einer Katze in einem alten
Gutshaus in Norddeutschland
und arbeitet sehr erfolgreich
als Illustratorin für verschiedene
Kinder- und Jugendbuchverlage.

Inhalt

Liebe Leserinnen und Leser,

wüten, toben, zornig sein – solche Gefühlsausbrüche kennen Sie sicherlich nur allzu gut, wenn Sie mit Kindern zu tun haben. Wut ist zunächst nichts Schlimmes. Doch leider wissen Kinder oft nicht, wie sie damit umgehen sollen.

Kinder sind spontan. Beginnt die Wut in ihnen zu kochen, kommt sie auch unmittelbar zum Ausdruck. Da wird etwas kaputtgemacht, getreten, gebrüllt, gehauen, um sich geschlagen – wild gewütet eben . . . Doch sobald andere unter der Wut leiden müssen, wird sie zum Problem.

In solchen Situationen werden die tobenden Kinder oft ermahnt: Sie sollen sich zusammenreißen, sich beruhigen. Aber geht das so einfach? Wie ergeht es Ihnen, wenn die Wut in Ihnen brodelt? Können Sie von einer Sekunde zur nächsten ausgeglichen und fröhlich sein? Sicher nicht.

Wir Erwachsene haben jedoch gelernt mit einem so starken Gefühl wie Wut umzugehen. Manchmal machen wir die Tür einen Moment hinter uns zu, atmen tief durch, gönnen uns etwas Gutes oder versuchen gar mithilfe einer Entspannungsmethode die innere Ruhe wieder zu finden. Und wir sind in der Lage, unsere Wut in Worte zu fassen und unsere Gefühle anderen mitzuteilen. Solche Verhaltensweisen können wir von Kindern sicher nicht erwarten. Denn Kinder müssen erst lernen ihre Gefühle auszudrücken und Ventile zu finden, den Ärger wieder abzulassen. Dabei können wir ihnen Vorbild und Hilfe sein.

Wege aus der Wut

Hier möchte ich Ihnen als Pädagogin und Mutter von drei aufgeweckten Töchtern noch ein paar Tipps geben.

- Versuchen Sie beim nächsten Wutanfall des Kindes ganz gelassen zu bleiben. Das entschärft die Situation.
- Nehmen Sie sich Zeit, um mit Ihrem Kind zu reden. Manche Kinder sind sofort gesprächsbereit, andere erst später. Ihr Kind lernt so seine Gefühle immer besser in Worte zu fassen.

Für die Zukunft lassen sich vielleicht Regelungen treffen, wie sich die Beteiligten beim nächsten Wutanfall zu verhalten haben.

- Fragen Sie Ihr Kind, was es sich am meisten wünscht, wenn es so richtig wütend ist. Jeder ist anders – der eine braucht viel Ruhe, der andere Zeit zum Nachdenken und der Nächste freut sich, wenn er fest in den Arm genommen wird. Wenn Sie wissen, was Ihrem Kind in einer solchen Situation hilft, können sie beim nächsten Mal besser reagieren.
- Üben Sie das Wütendsein, wenn es Ihrem Kind gut geht. Beispielsweise kann man lauthals brüllend in ein dickes Kissen boxen oder ein altes Telefonbuch zerreißen, einen Luftballon so lange kneifen, bis er zerplatzt, alle Wut in einen Ballon pusten und ihn zuknoten, damit die Wut nicht

mehr herauskann. So weiß Ihr Kind, wie es beim nächsten Wutanfall reagieren kann, ohne anderen zu schaden.

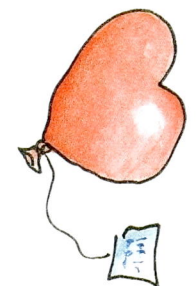

- Seien Sie fröhlich und ausgelassen! Ein liebevolles Lächeln oder zärtliches Kitzeln kann Wunder wirken. Auch ein Witz bringt dann und wann den größten Wüterich zum Lachen. Das heißt nicht etwa, die Wut zu ignorieren. Wut hat immer eine Ursache und darüber sollte man sprechen. Doch um gesprächsbereit zu sein, muss das Kind in der Regel die Wut hinter sich lassen.

Jeder hat andere Bedürfnisse. Was dem einen gut tut, bringt den anderen noch mehr in Rage. Seien Sie einfühlsam. Sie kennen Ihr Kind am besten und merken, welche dieser Tipps Sie erfolgreich umsetzen können.

Die Geschichten in diesem Buch zeigen auf kindgerechte Weise verschiedene Situationen auf, die in Kindern Wut auslösen – aber auch verschiedene Wege aus der Wut. Ich wünsche Ihnen viel Spaß beim Vorlesen. Was hat Lasse und Sina so wütend gemacht? Hat Ihr Kind eine ähnliche Situation auch schon einmal erlebt? Sprechen Sie mit ihm. Denn auch so lernt es, mit Wut umzugehen.

Ihre Sabine Seyffert

Lasse will nicht aufräumen

»Komm mal bitte!«, ruft Mama. Warum klingt sie denn so sauer? Als Lasse seine Tür öffnet, schimpft sie: »Überall im Flur liegt euer Spielzeug rum! Räum das bitte sofort auf. Nachher kommt Besuch.« Lasse guckt. Stimmt. Im Flur liegen viele Spielsachen. Er sagt: »Die gehören fast alle Sina. Dann soll sie die auch wegräumen. Ich gehe jetzt zu Jonas.« Mama erklärt: »Sina ist bei Rike. Sie kann das nicht wegräumen. Außerdem… die Bilderbücher hier gehören dir. Die Ritterburg auch. Die Comics… das sind deine. Also räum auf!«

»Aber nur, was mir gehört«, sagt Lasse. »Sina soll ihre Sachen selber wegräumen.« Lasse ärgert sich. Es stört ihn schon lange, was er alles für seine kleine Schwester tun soll. Mama ärgert sich auch. Sie sagt: »Der Besuch kommt bald. Und ich muss noch staubsaugen. Du räumst das jetzt weg!«

»Was gehen mich Sinas Sachen an?«, beschwert sich Lasse. Inzwischen ist er richtig wütend. Er findet es ungerecht, dass er allein aufräumen soll.

»Und was gehn mich eure Sachen an?«, schimpft Mama. Wenn sie wütend ist, wird sie rot im Gesicht und ziemlich laut. Wie eben. Aber Lasse ist genauso wütend. Auf Mama und Sina.

Mama sagt: »Du darfst erst zu Jonas gehen, wenn du aufgeräumt hast. Also . . . beeil dich!« Dann knallt sie die Wohnzimmertür hinter sich zu. Lasse steht allein im Flur. Vor Wut ballt er die Fäuste.

Jetzt tritt er gegen Sinas Bauklötze. Die fliegen durch die Gegend. Als Nächstes will er den Stegosaurus wegkicken. Aber halt! Der gehört ihm. Genau wie das Spielzeugauto und der Bagger.
Beim Aufräumen merkt Lasse, dass fast die Hälfte der Sachen ihm gehört. Die räumt er weg. Jetzt kommt Mama. Sie meint: »Das sieht ja schon besser aus.« Bevor Lasse antworten kann, ist sie verschwunden. Aber da liegen immer noch Spielsachen. Und die gehören alle Sina. Plötzlich hat Lasse eine Idee. Er nimmt eine Kiste. In die packt er Sinas Spielzeug. Die volle Kiste stellt er vor Sinas Tür. Nun kommt Mama wieder. Sie lobt: »Jetzt sieht's hier aber schön ordentlich aus. Dann sauge ich mal.«

Lasse erklärt: »Sinas Sachen sind in der Kiste. Die kann sie später selber wegräumen.«
»Hast Recht«, meint Mama. »Dafür ist sie wirklich alt genug.« Nun fragt sie: »Na, bist du noch wütend auf mich?«
Lasse überlegt. Dann antwortet er: »Nee . . . eigentlich nicht.« Er will wissen: »Und du . . . bist du noch wütend auf mich?«
Mama schüttelt den Kopf und grinst. »Du weißt ja… ich werde ganz schnell wütend. Ein paar Minuten später kann das schon vorbei sein.«
»Wie bei mir«, sagt Lasse. Seine Mama meint dazu: »Kein Wunder. Schließlich bist du mein Sohn.« Nun gibt sie ihm einen Kuss. Einfach so. Und garantiert nicht aus Wut. Denn aus Wut küsst sie nicht. Das weiß Lasse.

Ein Ponyfilm für Sina

Sina sitzt auf dem Sofa im Wohnzimmer. Richtig gemütlich ist es. Sie knabbert einen Nussriegel. Und sie sieht einen tollen Film im Fernsehen. Da spielt ein Pony mit.

Eben kommt Lasse ins Zimmer. Er lässt sich neben Sina aufs Sofa plumpsen. Und er sagt: »Ist das ein blöder Babyfilm.« Dann grabscht er sich die Fernbedienung. Schon drückt er ein anderes Programm. Ein Piratenfilm! Sina beschwert sich: »Ich will meinen Film weitersehen.« Sie ärgert sich. Denn Lasse bestimmt immer, was sie im Fernsehen gucken.

»Psst!«, sagt Lasse. »Der Film ist so spannend.« Sina will Lasse die Fernbedienung wegnehmen. Aber der schubst Sina beiseite. Oh, ist der gemein!, denkt Sina. Sie wird immer wütender. Am liebsten würde sie ihren Bruder treten. Jetzt verlangt sie: »Stell meinen Film wieder an. Den mit dem Pony!«

»Ich guck doch keine Babyfilme«, antwortet Lasse. Das macht Sina noch wütender. Sie muss irgendwas tun. »Blödmann!«, beschimpft sie Lasse. Dann tritt sie ihn ans Bein. Lasse tritt zurück. Jetzt reißt sie ihm die Fernbedienung aus der Hand. Und er nimmt sie ihr wieder ab. Dabei verdreht er ihren Arm. »Aua!«, schreit Sina. Der denkt wohl, er kann sich alles erlauben. Bloß weil er stärker ist. Sie reißt ihm die Fernbedienung noch mal weg. Und rennt damit hinter das Sofa. Dort drückt sie ihr Programm. Endlich sieht sie den Ponyfilm wieder. Aber Lasse stellt sich vor den Bildschirm. Dazu grinst er sie an.

Sina könnte ihn in der Luft zerreißen. So ein Doofbruder! Sie rennt zu ihm hin. Vor Wut fühlt sie sich ganz stark. Und sie hat überhaupt keine Angst vor Lasse. Sie boxt ihn, tritt ihn und brüllt: »Das find ich so gemein von dir! Immer willst du alles bestimmen!« Sie boxt und tritt weiter. Lasse erschrickt. Er weiß nicht, was er tun soll. So wütend hat er seine kleine Schwester noch nie erlebt. Er kann sich

gar nicht gegen sie wehren. Nun will er sie festhalten. Da schreit sie: »Du gemeiner Idiot!« Lasse schiebt seine Schwester beiseite. Sie sieht ihn unheimlich sauer an. Und Lasse geht zur Tür. Irgendwie hat er einen Augenblick Angst vor ihr gehabt. Als er die Tür öffnet, sagt er: »Dann guck dir deinen Babyfilm doch an.« Das tut Sina auch. Sie hat's geschafft. Zum ersten Mal hat sie ihren großen Bruder aus dem Zimmer vertrieben. Das ist ein gutes Gefühl. Der Film gefällt ihr. Zuerst ist sie ja noch wütend auf Lasse. Aber der Film ist so schön, dass sie ihre Wut bald vergisst.

Das neue Fahrrad

Lasse steht mit seinem Fahrrad in der Einfahrt. Das Rad ist neu. Ohne Stützräder. Toll findet Lasse das. Jetzt will er Radfahren üben. Zum ersten Mal. Papa hilft ihm. Er hält das Rad am Gepäckträger und am Sattel. Und er sagt: »Setz dich drauf.« Jetzt sieht Lasse nach oben. Mama und Sina gucken aus dem Fenster. Sie wollen Lasse zuschauen. Er steigt auf das Rad. Papa hält es fest. Trotzdem sitzt Lasse unsicher darauf. So hoch. Er versucht mit den Füßen auf den Boden zu kommen. Aber er schafft es nur mit den Fußspitzen. Deswegen sagt er: »Der Sattel muss tiefer sein.«

Papa guckt und meint: »Eigentlich ist der Sattel so richtig.« Aber Lasse will nicht nur mit den Fußspitzen auf den Boden kommen. Er will mit dem ganzen Fuß darauf stehen. So fühlt er sich sicherer. Und das sagt er Papa. Der holt Werkzeug. Dann schraubt er und drückt den Sattel nach unten. »Jetzt ist es in Ordnung«, sagt Papa. »Los geht's!«

Lasse steigt auf das Rad. Wieder hält Papa es fest. Nun kommt Lasse mit den Füßen etwas weiter nach unten. Aber eigentlich steht er immer noch auf den Fußspitzen. Und er sagt: »Das ist mir zu hoch.«

»Das muss so sein«, meint Papa. »Sonst kannst du nicht richtig in die Pedale treten.«

15

Mama und Sina beobachten die beiden weiter. Das ist Lasse unangenehm. Langsam wird er wütend. Er hat gedacht, das Radfahren klappt sofort. Vor allem weil Papa ihm hilft. Aber das klappt gar nicht. Jetzt sagt Papa: »Komm, versuch es!« »Hm«, brummt Lasse. Er sitzt auf dem hohen Sattel. Und er hat Angst. Papa schiebt das Rad. Noch hält er es fest. Jetzt lässt er das Rad los und feuert Lasse an: »Tritt in die Pedale!« Lasse tritt. Dabei hält er den Lenker ganz fest. Aber das Fahrrad ist zu schnell. Lasse stellt die Fußspitzen auf den Boden. Denn er will bremsen. Da schlägt ein Pedal gegen sein Bein. »Au!« Das tut weh. Jetzt kippt das Rad. Und es fällt um. Mit Lasse. Lasse ist total wütend. Dieses blöde Fahrrad!, denkt er. Dieser blöde Papa! Warum stellt der den Sattel nicht so tief, wie ich das will? Papa hebt Lasse auf und fragt: »Hast du dir wehgetan?«

»Ja«, antwortet Lasse sauer. Jetzt sieht er den ersten Kratzer am Fahrrad. Die Klingel sitzt auch nicht mehr richtig. Vor Wut tritt Lasse gegen das Rad. Zum Glück sieht Papa das nicht. Denn er guckt zu Mama hoch. Die ruft nämlich gerade etwas zu ihm runter. Jetzt sagt Papa zu Lasse: »Also… ich stell den Sattel tiefer. Dann versuchst du es noch mal. Ja?«
»Nee!«, antwortet Lasse. Er schimpft: »Das ist ein blödes Rad! Ich will mein altes mit den Stützrädern wieder.«
»Schade«, sagt Papa. Und Lasse weint. Papa will ihn trösten: »Du musst nicht traurig sein, dass das Radfahren nicht gleich geklappt hat.« Aber Lasse weint nicht, weil er traurig ist. Er weint, weil er wütend ist.

17

Eine Freundin im Kindergarten

Sina ist im Kindergarten. Sie sucht ihre Freundin Rike, weil sie mit ihr spielen möchte. Sina guckt in den Flur. Da ist Rike nicht. Dann geht sie nach draußen. Jetzt sieht sie Rike. Die spielt im großen Sandkasten. Aber nicht alleine. Sie spielt mit Anne. Mit der! Anne hat Sina mal die schönste Seite aus ihrem Bilderbuch gerissen. Mit Absicht.

Und Anne sagt gemeine Sachen über andere. Mit der wollten Sina und Rike nie spielen.

Die beiden bauen eine Sandburg. Sie graben Höhlen und Straßen rein. Anne bemerkt, dass Sina sie beobachtet. Sie grinst Sina blöde an und streckt ihr die Zunge raus. Diese gemeine Ziege!, denkt Sina und merkt, wie die Wut in ihr hochkriecht.

Jetzt geht Anne an Sina vorbei. Sie trägt einen Eimer voll Sand. Dabei stößt sie gegen Sina und sagt: »Oh, das wollte ich nicht.« Leise zischt sie: »Rike ist nicht mehr deine Freundin. Sie ist jetzt meine Freundin. Sie will nicht mehr mit dir spielen.«

Sina steht da. Sie weiß gar nicht, was sie vor Wut tun soll. Die beiden bauen weiter an der Sandburg. Am liebsten möchte Sina Anne anschreien und treten. Und sie findet es gemein von Rike, dass sie mit Anne spielt. Ausgerechnet mit der! Jetzt kichern die beiden auch noch. Außerdem sehen sie Sina so komisch an. Sina geht zur Schaukel am Rande des Sandkastens. Sie setzt sich drauf. Irgendwas muss sie ja tun. Hin und her schaukelt sie. Anne ruft: »Du darfst hier nicht schaukeln, wenn wir spielen!«

Sina überhört das einfach. Sie schaukelt weiter. Plötzlich hat sie eine Idee. Die werden sich wundern. Noch einmal holt Sina Schwung und noch einmal. Als die Schaukel nach vorne schwingt, springt Sina in den Sand. Da steht sie einen Moment. Dann fällt sie um. Wie aus Versehen. Sie landet genau auf der Sandburg. Rumms! Die ist platt.

Mit allen Straßen und Höhlen.

Das war Sinas Volltreffer.

Jetzt sagt sie, was Anne vorhin gesagt hat: »Oh, das wollte ich nicht.« Anne schreit: »Du bist so blöd! Das hast du nur gemacht, weil Rike jetzt meine Freundin ist.« Sina guckt Rike an. Die guckt zu Anne und sagt nichts. Da geht Sina weg.

Ganz kurz freut sie sich über ihren Volltreffer. Dann ist sie nur noch wütend. Anne hat ihr die beste Freundin weggenommen. Traurig ist sie auch und enttäuscht. Sie versteht einfach nicht, warum Rike da mitmacht. Sie will Rike fragen.

Später.

Sina sitzt in ihrem Gruppenraum. Sie findet alles doof. Am liebsten möchte sie nach Hause. Leider dauert es noch, bis Mama kommt. Jetzt sucht sie Lasse, ihren Bruder. Der spielt mit seinen Freunden Fußball.

Sina spielt einfach mit. Sie schießt den Ball weg. Die Jungs rennen hinterher und Sina auch. Einen Augenblick denkt sie nicht an Anne und Rike. Und in dem Augenblick geht es ihr besser.

Wo steckt Kuschelhasi?

Lasse möchte noch aufbleiben. Aber Papa sagt: »Es ist spät.« Und Mama meint: »Du siehst müde aus.« »Bin ich aber nicht!«, wehrt sich Lasse. Leider nützt das nichts. Das nervt Lasse. Ein paar Minuten später liegt er im Bett. Aber wo steckt sein Kuscheltier? Lasse sucht es überall. Kuschelhasi bleibt verschwunden. Bestimmt hat ihn Sina. Die schleppt immer alles weg.

Lasse sitzt im Bett. Er ist wütend. Weil er immer so früh schlafen soll und unheimlich wach ist. Und weil seine Schwester das Kuscheltier geklaut hat. Ohne Hasi kann er sowieso nicht einschlafen. Also springt Lasse aus dem Hochbett.

Dann rennt er zu Sina. Er reißt die Tür auf und schreit: »Gib meinen Kuschelhasi wieder her!«

Erstaunt und verschlafen, sieht Sina ihren Bruder an. Sie sagt: »Ich hab deinen Hasen nicht.« Lasse glaubt das nicht. Deswegen zieht er Sinas Bettdecke weg. Vielleicht versteckt sie ihn darunter. Aber Hasi bleibt verschwunden. Sina schimpft: »Du hast mich geweckt! Ich hab deinen doofen Kuschelhasen wirklich nicht.« Doofer Kuschelhase hat sie gesagt! Sofort reißt Lasse auch Sinas Kopfkissen weg. Sina tritt aus ihrem Hochbett nach Lasse und schreit: »Hau ab! Ich will schlafen!« Dann wirft sie Lasse ihren Kuschelbären an den Kopf. Lasse schnappt sich den Bären und rennt damit hinaus. Die Tür zu seinem Zimmer knallt er zu. Jetzt springt Sina aus dem Bett. Dabei poltert ein Stuhl auf den Boden. Sie läuft hinter Lasse her

und will seine Tür aufreißen. Aber Lasse hält sie zu. Wütend schlägt Sina dagegen. In dem Augenblick klopft die Nachbarin mit einem Besenstiel gegen die Zimmerdecke. Denn sie ist wütend über den Lärm. Und aus dem Wohnzimmer ruft Mama: »Hört auf mit dem Krach!« Trotzdem tritt Sina gegen Lasses Tür und brüllt: »Blöder Affe!«

Nun hält Lasse die Tür nicht mehr zu. Sina stürzt in sein Zimmer. Schnell klettert ihr Bruder die Leiter zum Hochbett rauf. Sina umklammert sein Bein und schreit: »Gib meinen Bären her!« Mit dem freien Fuß tritt Lasse nach Sina und reißt sich los. Jetzt steht Sina im Zimmer und stampft vor Wut auf. Und die Nachbarin stößt zornig den Besenstiel gegen die Decke.

Da kommen die Eltern. Papa schimpft: »Euren Krach kann man ja nicht aushalten!« Mama will wissen: »Was ist denn überhaupt los?«

Wütend berichtet Sina, was Lasse angestellt hat. Genauso wütend berichtet Lasse, was Sina angestellt hat. Dazu sagt Mama: »Ach… Lasses Kuschelhasi… den habe ich gewaschen. Ich hatte ganz vergessen das zu sagen. Jetzt müsste er aber trocken sein.«

Sie bringt Lasses Kuschelhasi. Und Lasse gibt Sina den Kuschelbären zurück.

Inzwischen regt sich eigentlich schon niemand mehr auf. Papa fragt sogar: »Soll ich euch noch was vorlesen, damit ihr besser einschlafen könnt?«

»Au ja!«, rufen Sina und Lasse wie aus einem Mund. Lasse verlangt noch: »Aber lies die Geschichte nicht wieder kurz.« Manchmal lässt Papa nämlich was von einer Geschichte weg. »Mach ich nicht«, verspricht Papa.

Sina und Lasse setzen sich auf Lasses Hochbett. Papa liest vor und Mama hört auch zu. Es ist wieder wunderbar friedlich, von Wut keine Spur mehr.

Pizza für uns alle

Gleich ist das Essen fertig. Sina steht in der Küche. Mmhh… das riecht gut. Nach Pizza. Mama sagt zu Sina und Papa: »Deckt schon mal den Tisch.« Sie gibt Sina zwei Gläser. Papa trägt die Teller ins Esszimmer. Inzwischen schneidet Mama die Riesenpizza auf dem Blech in Stücke. Sina fragt Papa: »Wo ist Lasse?« »Der spielt mit Jonas in seinem Zimmer.« Das kennt Sina. Lasse hilft fast nie beim Tischdecken. Weil er immer gerade was spielt. Ungerecht findet Sina das.

Dann sitzen alle um den Tisch. Auch Jonas isst mit. Direkt vor Sina liegt ein besonders leckeres Pizzastück auf dem Blech. Es hat nämlich keinen so dicken Rand. Sina greift zu. Aber Lasse ist schneller. Weg ist das leckere Stück. Und Lasse grinst seine Schwester an. Er weiß genau, dass sie sein Stück wollte. Immer nimmt der sich das beste, ärgert sich Sina. Mama sagt zu ihr: »Guck nicht so sauer. Es sind noch viele Stücke da.« Stimmt. Sina sieht auch schon eines.

Aber jetzt gibt Mama genau dieses Stück Jonas. Für Sina bleibt nur eines mit ziemlich dickem Rand übrig. Und sie guckt zu, wie ihr gieriger Bruder das tolle Stück verputzt. Ihm schmeckt es. Oh . . . gleich kriegt Sina einen Wutanfall. Sie spürt ihn schon kommen.

Sina hat ihr Stück Pizza fast aufgegessen. Da entdeckt sie doch noch eines mit einem dünnen Rand. Schnell greift sie danach. Aber wieder ist Lasse schneller. Er hat es. Dieser Raffzahn!

Wo sind seine Beine? Sie will ja nicht die falschen treffen. Da sind sie.

Sina tritt und… trifft. Lasse heult auf.
»Was ist denn?«, fragt Papa.
»Sina hat mich getreten«, beschwert sich Lasse.
»Ich hab ihn aus Versehen berührt«, schwindelt Sina. In dem Moment gießt sich Lasse den Rest der Limonade ein. Sina hat fast nichts davon bekommen. Sie wird immer wütender.

Gleich platzt sie. Ist das ein blödes Essen. Zum Nachtisch gibt's Kuchen. Sina möchte ein Stück mit viel Schokolade. Natürlich greift Lasse danach.

Aber da sagt Papa: »Also... zuerst darf sich Sina jetzt mal ein Stück aussuchen.« Auf einmal ist Sinas Wut wie weggepustet. Sie freut sich. Dann nimmt sie sich ihr Kuchenstück. Lasse guckt neidisch. Sina strahlt ihren Papa an. Der hält oft zu ihr.

Mama tut das zwar auch. Allerdings nicht so oft wie Papa.
Jetzt guckt Sina zu Lasse. Auf seinem Teller liegt auch ein Kuchenstück. Aber eines mit weniger Schokolade. Und das findet Sina genau richtig.

Vor dem großen Ausflug

Die Familie will zum Badesee fahren. Danach besuchen sie Oma. Alle freuen sich darauf. Jetzt ruft Papa auf dem Flur: »Seid ihr fertig? Wir müssen los.« Sina und Lasse kommen aus ihren Zimmern. Und Mama fragt sehr laut aus dem Bad: »Weiß jemand, wo die Sonnencreme ist?« Niemand weiß es. Da sagt Mama: »Das Mückenspray finde ich auch nicht.« Papa stöhnt und verschwindet im Bad. Nun suchen die Eltern gemeinsam nach Sonnencreme und Mückenspray.

Im Flur fragt Sina ihren Bruder: »Wollen wir den Ball mitnehmen?«
»Au ja«, antwortet Lasse. Gleich darauf sucht er in seinem Zimmer nach dem Ball. Aber er findet ihn nicht. Deswegen ruft er Sina zu: »Ich glaub, den Ball hast du.«
»Nee!«, sagt Sina. Endlich kommt Papa aus dem Badezimmer. Er hat das Mückenspray gefunden. Mama sucht weiter die Sonnencreme. Ungeduldig poltert Papa: »Wir müssen los! Sonst brauchen wir nicht mehr zum Baden zu fahren.

Um vier Uhr sollen wir bei Oma sein. Das schaffen wir nie, wenn ihr so trödelt!«
»So ein Quatsch!«, kommt von Mama aus dem Bad. »Wenn wir später kommen, ist das egal. Außerdem trödele ich nicht!« Oh! Mama klingt sauer. Denn sie mag es nicht, dass Papa immer alle antreibt. Er kann nicht warten. Das macht ihn wütend. Und Mama wird wütend, wenn Papa so ungeduldig ist.
Sina und Lasse stehen wieder im Flur. Den Ball haben sie nicht gefunden. Inzwischen sucht Mama die Sonnencreme im Schlafzimmer.

Nun ruft sie: »Habt ihr die große Decke?« »Nee, die wolltest du einpacken!«, antwortet Papa.
»Ich kann mich doch nicht um alles kümmern!«, schimpft Mama. Papa geht los und holt die Decke. Plötzlich fällt Sina ein, wo der Ball liegt. In der Abstellkammer. Sie rennt hin. Dabei rempelt sie Lasse an. Der brüllt: »Pass doch auf, du blöde Ziege!« Aus dem Schlafzimmer schimpft Papa: »Solche Ausdrücke möchte ich nicht hören. Verstanden?!«
Sina hat den Ball gefunden. Sie wirft ihn Lasse zu. Aber der fängt ihn nicht.

Der Ball prallt gegen seinen Kopf. Lasse schreit: »Aua! Das ist gemein!« Nun wirft er Sina den Ball an den Kopf. Dafür beschimpft sie ihn. »Blödmann! Blöder!« Papa fährt dazwischen: »Verdammt! Schreit nicht so im Flur rum! Das hört man ja im ganzen Haus. Außerdem will ich jetzt los.« Da kommt Mama. Sie sagt: »Ich möchte nur wissen, wer die Sonnencreme in meinen Schuh gesteckt hat.«

»Ich nicht!«, sagt Papa und guckt wütend.

»Meinst du, ich?« fragt Mama und guckt genauso wütend.

Die Familie steht im Flur. Jetzt fehlt nichts mehr. Sie könnten also losfahren. Da fasst Papa in eine Hosentasche. Danach in die andere. Und er fragt: »Wo ist der Autoschlüssel?«

»Weiß ich doch nicht«, antwortet Mama und stöhnt. Schon rennt Papa durch die Wohnung und sucht den Schlüssel. Mama holt noch schnell eine Flasche Mineralwasser. Denn Sina hat Durst. Sie nimmt die Flasche und trinkt daraus. Dabei stößt sie an den Spiegel, dass er scheppert. »Pass doch auf!«, schimpft Mama. Bevor Sina weint, kommt Papa. Er hält den Autoschlüssel in der Hand und sagt: »So . . . jetzt geht's endlich los.« Zuerst werden sie also zum Badesee fahren.

Danach besuchen sie Oma. Aber keiner freut sich mehr darauf. Alle gucken sauer. Na ja, wahrscheinlich kommt die gute Laune ja beim Baden wieder.